Impressum
Verlag: BABADADA GmbH, Nedderfeld 112 , 22529 Hamburg
Geschäftsführer / Verlagsleitung: Harald Hof
Druck: Books on Demand GmbH, In de Tarpen 42, 22848 Norderstedt

Imprint
Publisher: BABADADA GmbH, Nedderfeld 112 , 22529 Hamburg, Germany
Managing Director / Publishing direction: Harald Hof
Print: Books on Demand GmbH, In de Tarpen 42, 22848 Norderstedt

escuela
isikole

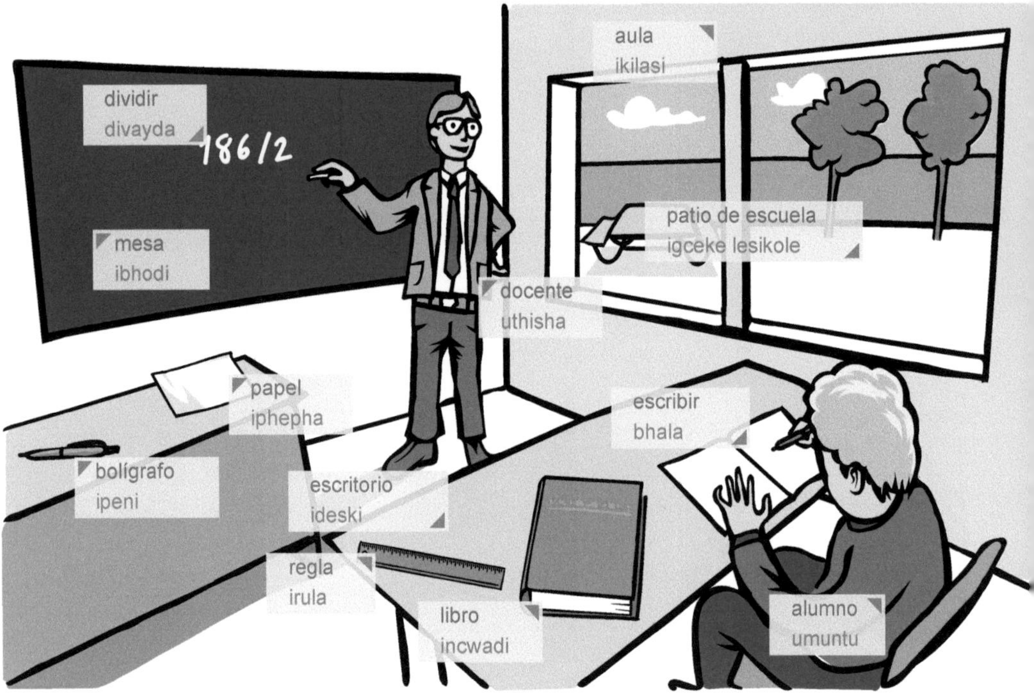

aula
ikilasi
dividir
divayda
186/2
mesa
ibhodi
patio de escuela
igceke lesikole
docente
uthisha
papel
iphepha
escribir
bhala
bolígrafo
ipeni
escritorio
ideski
regla
irula
libro
incwadi
alumno
umuntu

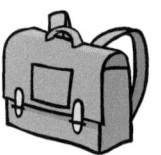

mochila escolar

isikhwama

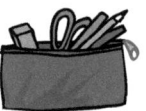

caja de lápices

isikwama sepeni

lápiz

ipensela

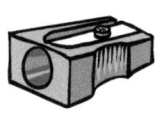

sacapuntas

umshini wokulola

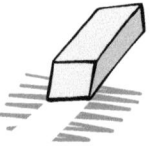

goma de borrar

irabha

bloc de dibujo

indawo yokudweba

dibujo
ukudweba

pincel
ibrashi lokupenda

caja de pinturas
ibhokisi lokupenda

tijera
isikelo

pegamento
inomfi

libro de ejercicios
incwadi yesikole

tarea
umsebenzi wasekhaya

número
inamba

sumar
hlanganisa

restar
susa

multiplicar
phindaphinda

calcular
bala

letra
incwadi

alfabeto
izinhlamvu zamagama

palabra
igama

texto

umbhalo

leer

funda

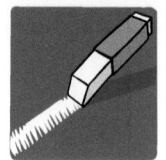

tiza

ushoki

lección

isifundo

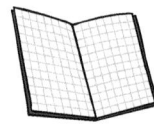

libro de clase

bhalisa

examen

isivivinyo

certificado

isitifiketi

uniforme escolar

iyunifomu yesikole

educación

imfundo

enciclopedia

i-encyclopedia

universidad

inyuvesi

microscopio

isibonakhulu

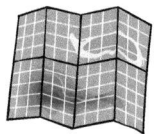

mapa

ibalazwe

cesto de papeles

ibhaskidi yokulahla
amaphepha

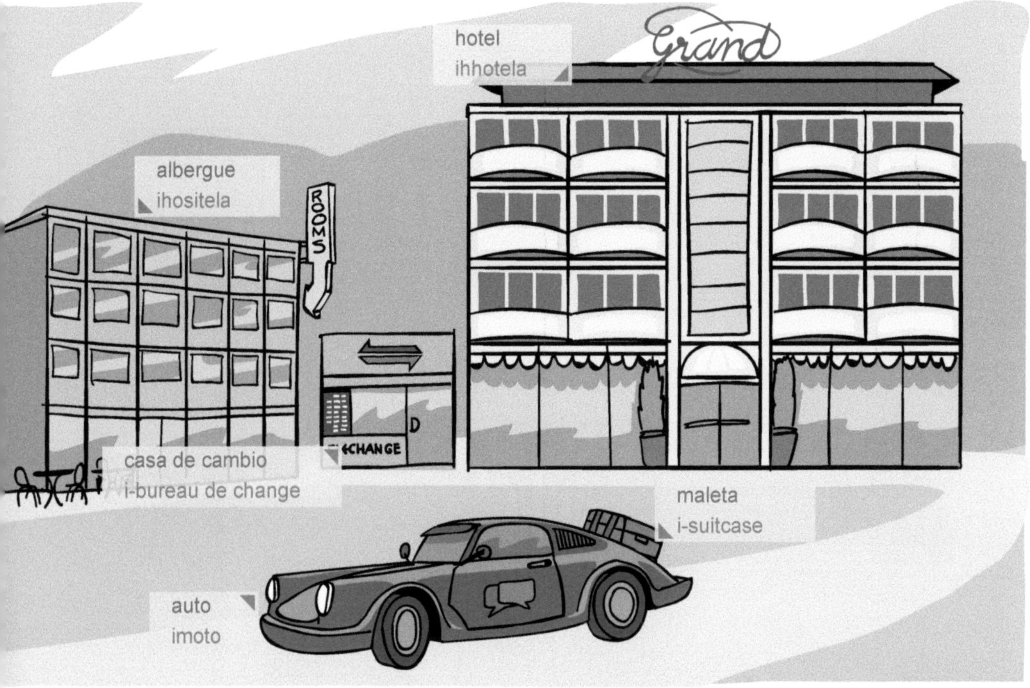

hotel
ihhotela
Grand
albergue
ihositela
ROOMS
casa de cambio
i-bureau de change
EXCHANGE
maleta
i-suitcase
auto
imoto

idioma

ulimi

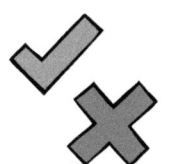

sí / no

yebo / cha

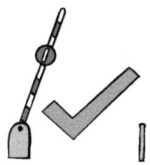

ok

kulungile

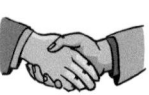

hola

sawubona

intérprete

umhumushi

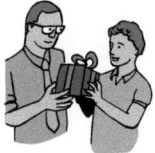

gracias

Ngiyabonga

¿Cuánto cuesta…?

iyimalini i…?

No entiendo

angiqondi

problema

inkinga

¡Buenas tardes!

Intambama enhle!

¡Buenos días!

Sawubona!

¡Buenas noches!

Ulale kahle!

adiós

bye bye

dirección

isiqondiso

equipaje

izikhwama

bolso

isikhwama

mochila

ubhakha

invitado

isivakashi

cuarto

igumbi

saco de dormir

isikhwama sokulala

tienda de campaña

ithende

información al turista

imininingwane yamathoristi

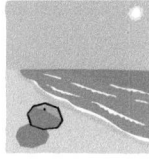

playa

ulwandle

tarjeta de crédito

ikhadi lesikweletu

desayuno

ukudla kwasekuseni

almuerzo

ukudla kwasemini

cena

ukudla kwasebusuku

pasaje

ithikithi

ascensor

i-lift

sello

isitembu

límite

ibhoda

aduana

amasiko

embajada

inxusa

visa

ivisa

pasaporte

iphasiphothi

transporte
izinto zokuhamba

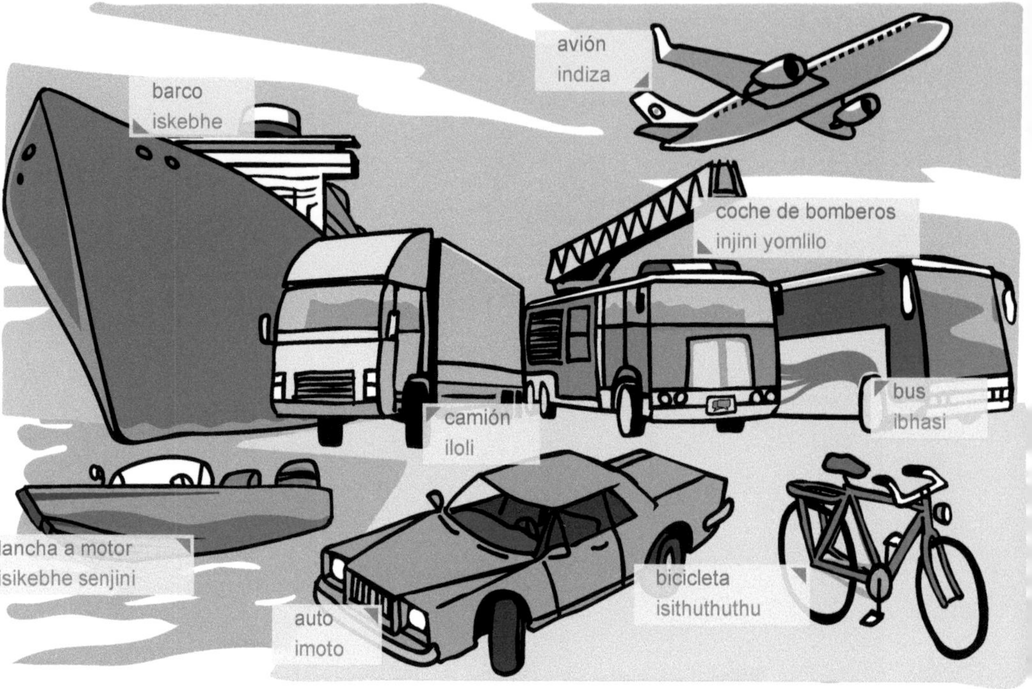
avión
indiza
barco
iskebhe
coche de bomberos
injini yomlilo
camión
iloli
bus
ibhasi
lancha a motor
isikebhe senjini
bicicleta
isithuthuthu
auto
imoto

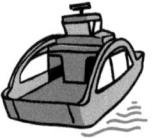

balsa

isikebhe

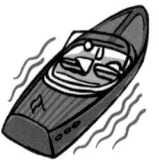

lancha

isikebhe

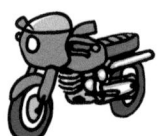

motocicleta

isithuthuthu

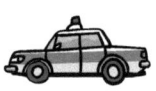

auto de policía

imoto yamaphoyisa

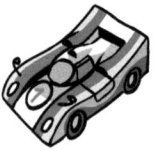

auto de carreras

imoto ejahayo

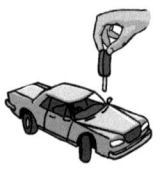

auto de alquiler

imoto eqashiwe

alquiler de autos

ukurenta imoto

grúa

iloli eliphukile

vehículo recolector de basura

ithrakhi

motor

injini

gasolina

amafutha

gasolinera

indawo yokuthela uphethiloli

señal de tráfico

uphawu lwethrafikhi

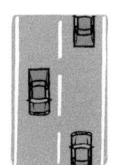

tránsito

ithrafikhi

atasco

ithrafikhi enkulu

estacionamiento

indawo yokupaka izimoto

estación de tren

isitashi sesitimela

carril

amaloli

tren

isitimela

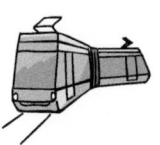

tranvía

ithilamu

vagón

inqola

helicóptero
ihelikhoptha

aeropuerto
isikhungo sezindiza

torre
umphongolo

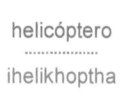

pasajero
iphasenja

contenedor
ikhonteyna

caja de cartón
ikhathoni

carro
inqola

cesta
ubhasikidi

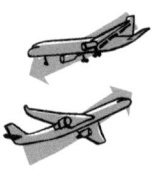

despegar / aterrizar
ukusuka / ukwehla

ciudad
idolobha

aldea
isigodi

centro de la ciudad
i-city centre

casa
indlu

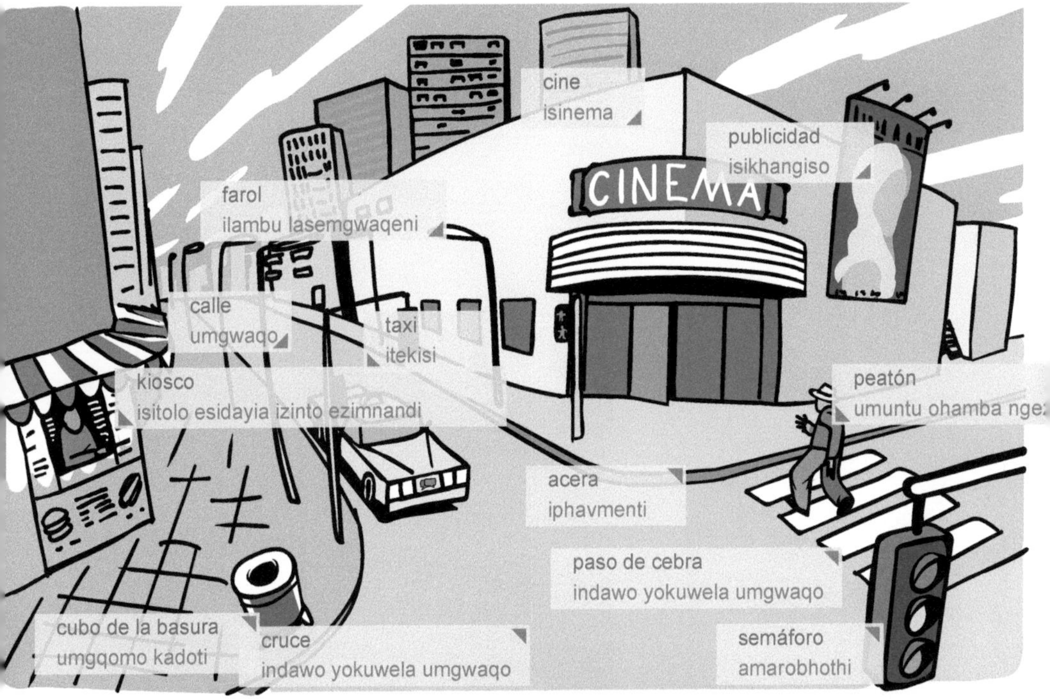

cine
isinema
publicidad
isikhangiso
CINEMA
farol
ilambu lasemgwaqeni
calle
umgwaqo
taxi
itekisi
kiosco
isitolo esidayia izinto ezimnandi
peatón
umuntu ohamba nge
acera
iphavmenti
paso de cebra
indawo yokuwela umgwaqo
cubo de la basura
umgqomo kadoti
cruce
indawo yokuwela umgwaqo
semáforo
amarobhothi

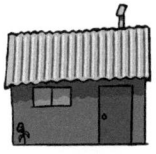

cabaña

indlu yodaka

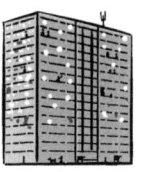

apartamento

i-flat

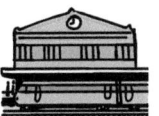

estación de tren

isitashi sesitimela

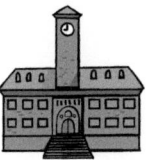

ayuntamiento

i-town hall

MUSEUM

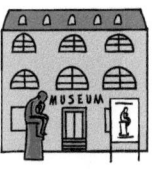

museo

imuzilemu

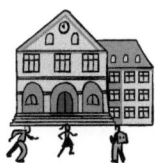

escuela

isikole

universidad

inyuvesi

banco

ibhange

hospital

isibhedlela

hotel

ihhotela

farmacia

ikhemisi

oficina

i-ofisi

librería

isitolo sezincwadi

negocio

esitolo

florería

istolo sezimbali

supermercado

emakethe enkulu

mercado

imakethe

grandes almacenes

isitolo somnyango

pescadería

i-fishmonger's

centro comercial

isikhungo sezitolo

puerto

isikhungo semikhumbi

parque
ipaki

banco
ibhentshi

puente
ibhuloho

escalera
izitezi

metro
ngaphansi komhlaba

túnel
umhubhe

parada de autobuses
istobhu sebhasi

bar
i-bar

restaurante
isitolo sokudlela

buzón de correo
eposini

letrero
uphawu lwasemgwaqeni

parquímetro
umshini wokukhokhela
ukupaka

zoológico
esiqiwini

piscina
indawo yokubhukuda

mezquita
i-mosque

granja

ifamu

polución

ukungcola

cementerio

amagcwaba

iglesia

isonto

parque infantil

igrawundi lokudlala

templo

ithempeli

paisaje

ingadi

hoja
icembe

indicador de camino
mpambano mgwaqo

sendero
indlela

pradera
idlelo

piedra
itshe

caminante
umqwali wezintaba

árbol
isihlahla

río
umfula

pasto
utshani

flor
imbali

valle

isigodi

montaña

intaba

lago

ichibi

bosque

ihlathi

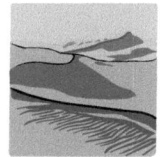

desierto

ogwadule

volcán

intaba mlilo

castillo

isigodlo

arco iris

uthingo

seta

ikhowe

palmera

isihlahla sesundu

mosquito

umiyane

mosca

ukundiza

hormiga

intuthwane

abeja

inyosi

araña

isicabucabu

escarabajo

ibhungane

rana

ixoxo

ardilla

i-squirrel

erizo

i-hedgehog

liebre

unogwaja

lechuza

isikhova

pájaro

izinyoni

cisne

idada

jabalí

intibane

ciervo

inyamazane

alce

i-moose

embalse

idamu

aerogenerador

i-wind turbine

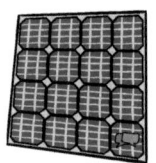

módulo solar

i-solar panel

clima

isimo sezulu

restaurante
isitolo sokudlela

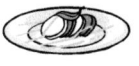

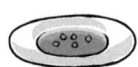

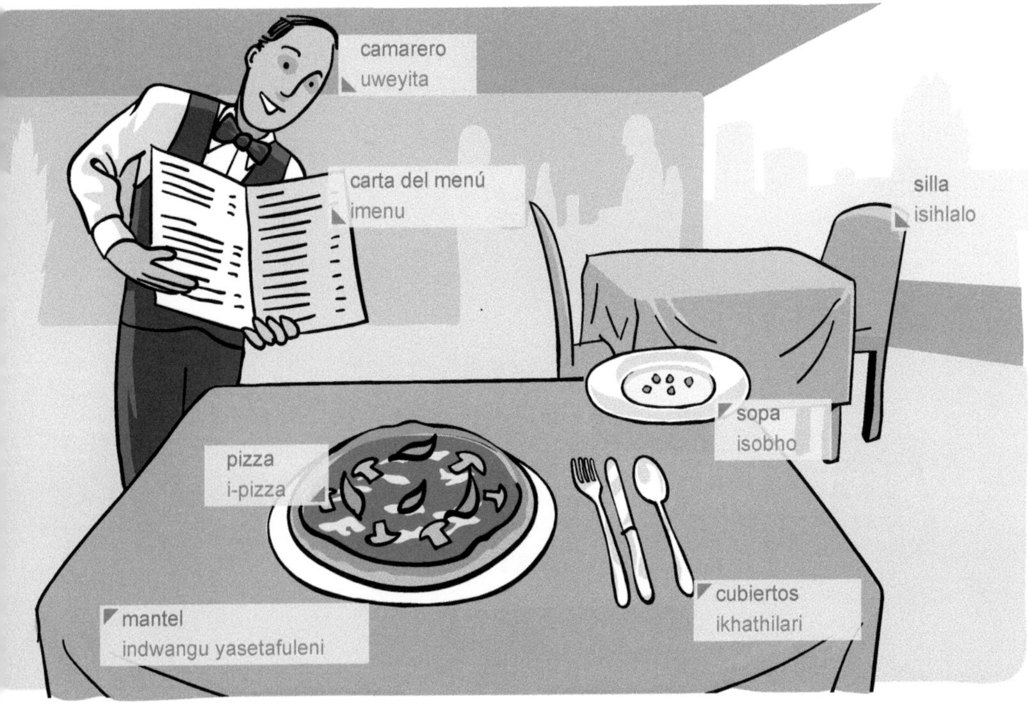

camarero
uweyita
carta del menú
imenu
silla
isihlalo
sopa
isobho
pizza
i-pizza
cubiertos
ikhathilari
mantel
indwangu yasetafuleni

entrada
ukudla okulula

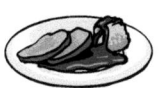

plato principal
isidlo

postre
idizethi

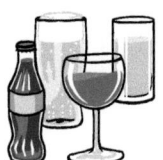

bebida
iziphuzo

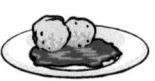

comida
ukudla

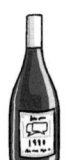

botella
ibhodlela

comida rápida

ukudla okulula

comida callejera

ukudla okudayiswa
emgwaqeni

tetera

ithiphothi

azucarera

isitsha sikashukela

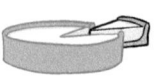

porción

ingxenye

máquina de espresso

umshini we-ekspreso

silla alta

isitulo esiphezulu

factura

izindleko

bandeja

ithreyi

cuchillo

ummese

tenedor

imfologo

cuchara

ispuni

cuchara de té

ithispuni

servilleta

indawo yokusula umlomo

vaso

igilasi

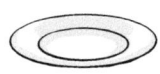

plato

ipuleti

plato de sopa

ipuleti lesobho

platillo

isoso

salsa

isosi

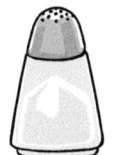

salero

isitsha sasawoti

molinillo para pimienta

isitsha sephepha

vinagre

uviniga

aceite

amafutha

especias

izinongo

ketchup

isosi yetamatisi

mostaza

isosi yesinaphi

mayonesa

imayonesi

supermercado
emakethe enkulu

oferta
amanani akhethekile
FOR
cliente
ikhasimende
productos lácteos
ukudla okwenziwe ngobisi
fruta
isithelo
carrito de compras
ithroli

BUTCHERS

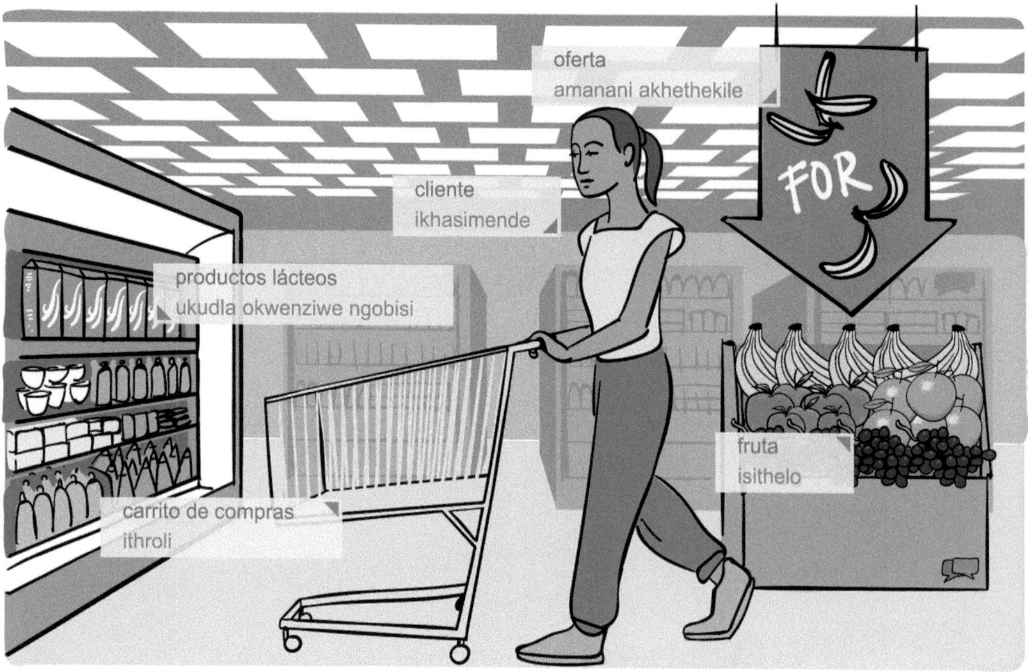

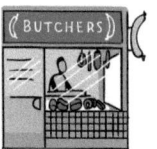

carnicería

ebhusha

BAKERY

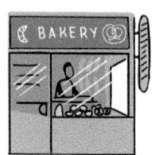

panadería

isitolo esidayisa isinkwa

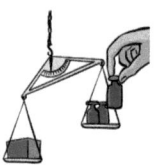

pesar

kala

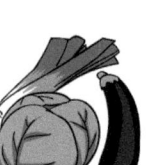

verdura

amaveji

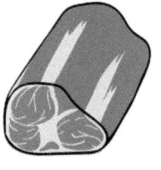

carne

inyama

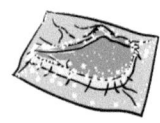

alimentos congelados

ukudla okubandayo

fiambre

inyama ebandayo

conservas

ukudla okusethinini

detergente en polvo

insipho yokuwasha
enguphawuda

dulces

oswidi

artículos domésticos

izinto zasendlini

productos de limpieza

izinto zokuhlanza

vendedora

umuntu odayisayo

caja

ithili

cajero

umbali wemali

lista de compras

izinto okumelwe zithengwe

horario de atención

amahora okuvula

cartera

uwolethi

tarjeta de crédito

ikhadi lesikweletu

maleta

isikhwama

bolsa plástica

isikwama sepulastiki

agua

amanzi

jugo

ijusi

leche

ubisi

refresco de cola

i-coke

vino

iwayini

cerveza

ubhiya

alcohol

utshwala

cacao

i-cocoa

té

itiye

café

ikhofi

espresso

i-ekspreso

cappuccino

ikhaphachino

banana

ubhanana

manzana

i-apula

naranja

i-olintshi

sandía

ikhabe

limón

ulamula

zanahoria

ukherothi

ajo

ugaligi

bambú

umhlanga

cebolla

u-anyanisi

seta

ikhowe

nueces

amakinati

fideos

ama-noodle

espagueti

isipagethi

arroz

iraysi

ensalada

isaladi

patatas fritas

ama-chips

patatas salteadas

amazambane athosiwe

pizza

i-pizza

hamburguesa

ibhega

sándwich

isendiwichi

escalope

inyama engenathambo

jamón

ham

salame

salami

embutido

isoseji

pollo

inkukhu

asado

yosiwe

pescado

inhlanzi

copos de avena

iphalishi le-oats

musli

i-muesli

copos de maíz tostado

ama-cornflakes

harina

uflulawa

croissant

i-croissant

panecillo

isinkwa esiyiroli

pan

isinkwa

tostada

i-toast

galletas

amabhiskidi

mantequilla

ibhotela

cuajada

i-curd

pastel

ikhekhe

huevo

iqanda

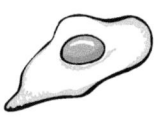

huevo frito

iqanda elithosiwe

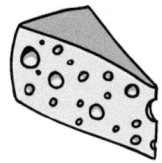

queso

ushizi

comida - ukudla

helado

i-ice cream

azúcar

ushukela

miel

uju

mermelada

ujamu

praliné

ispredi sikashokholedi

curry

isitshulu

granja

ifamu

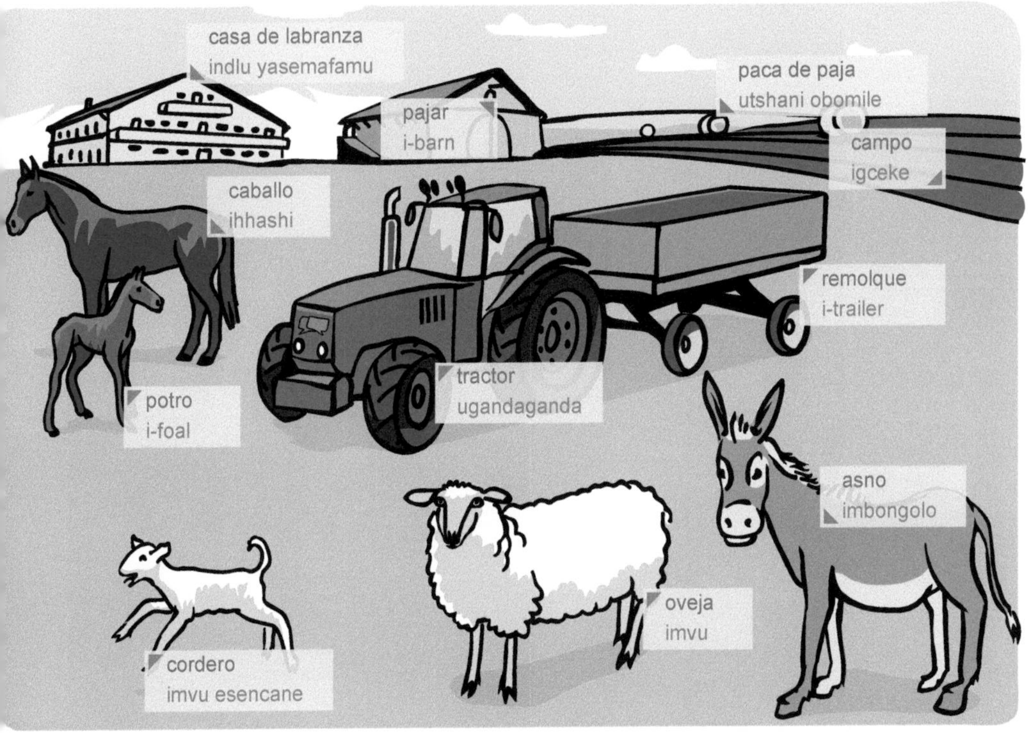
casa de labranza
indlu yasemafamu
pajar
i-barn
paca de paja
utshani obomile
campo
igceke
caballo
ihhashi
remolque
i-trailer
tractor
ugandaganda
potro
i-foal
asno
imbongolo
oveja
imvu
cordero
imvu esencane

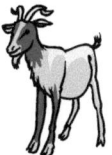

cabra

imbuzi

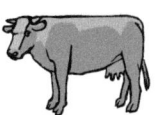

vaca

inkomo

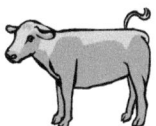

ternero

ithole

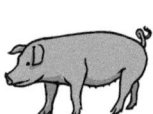

cerdo

ingulube

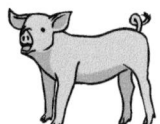

lechón

ingulube esencane

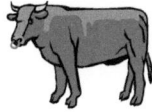

toro

inkunzi

ganso

ihansi

pato

idada

polluelo

ichwane

pollo

isikhukhukazi

gallo

iqhude

rata

igundwane

gato

ikati

ratón

igundwane

buey

inkabi

perro

inja

caseta del perro

indlu yenja

manguera de riego

ipayipi lokunisela

regadera

ikani lokunisela

guadaña

ucelemba

arado

igeja

hoz

isikela

azada

ukhuba

bieldo

imfoloko

hacha

imbazo

carretilla

ibhala

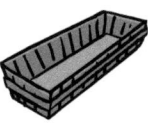

abrevadero

umkhombe

lechera

ubusi olusekanini

saco

isaka

cerca

ifensi

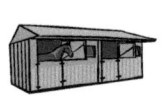

establo

esitebhilini

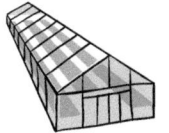

invernadero

i-greenhouse

suelo

inhlabathi

semilla

imbewu

fertilizante

umanyolo

cosechadora

ukuvuna okuhlanganisiwe

cosechar
vuna

cosecha
isivuno

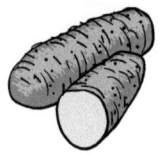

raíz de ñame
ama-yam

trigo
ukolweni

soja
umbhontshisi

patata
amazambane

maíz
ummbila

colza
i-rapeseed

Árbol frutal
isihlahla sezithelo

mandioca
umdumbula

cereales
amasiriyeli

casa
indlu

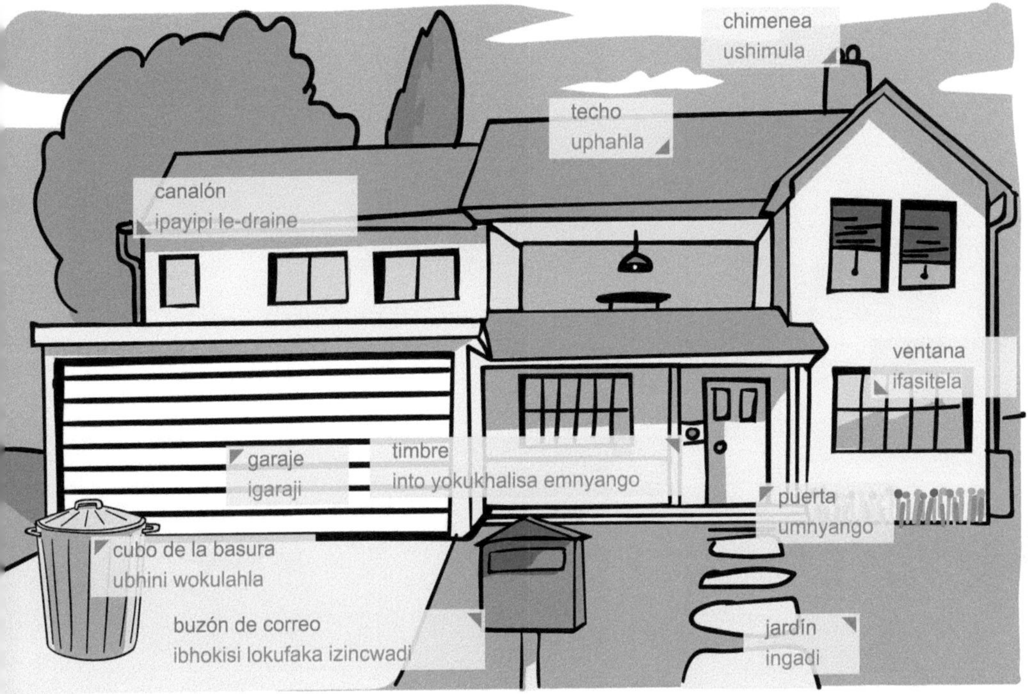

chimenea
ushimula
techo
uphahla
canalón
ipayipi le-draine
ventana
ifasitela
garaje
igaraji
timbre
into yokukhalisa emnyango
puerta
umnyango
cubo de la basura
ubhini wokulahla
buzón de correo
ibhokisi lokufaka izincwadi
jardín
ingadi

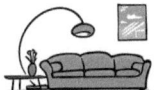

cuarto de estar

igumbi lokuhlala

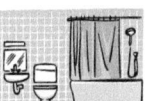

cuarto de baño

igumbi lokugeza

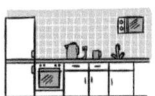

cocina

ikhishi

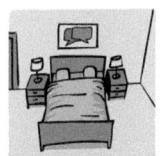

dormitorio

igumbi lokulala

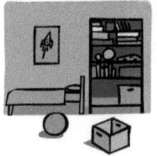

cuarto de los niños

igumbi lezingane

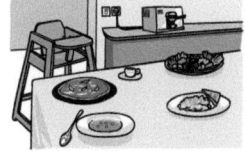

comedor

igumbi lokudlela

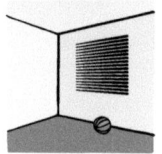

piso

phansi

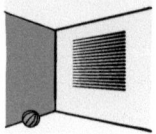

pared

udonga

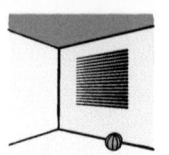

cielorraso

usilingi

sótano

i-cella

sauna

i-sauna

balcón

ibhalconi

terraza

i-terrace

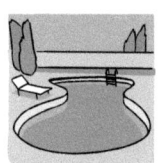

piscina

iphuli

cortacésped

umshin wokugunda utshani

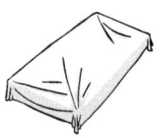

funda nórdica

ishidi

edredón

ingubo yokulala

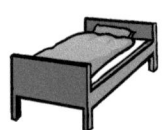

cama

umbhede

escoba

umshanelo

cubo

ibhakede

interruptor

i-switch

cuarto de estar
igumbi lokuhlala

papel para empapelar
i-wallpaper
imagen
isithombe
lámpara
ilambu
estante
ishalofu
gabinete
ibhodi lenkomishi
televisor
umabonakude
hogar
indawo yomlilo
flor
imbali
cojín
ikhushini
sofá
usofa
florero
ivasi
control remoto
i-remote control

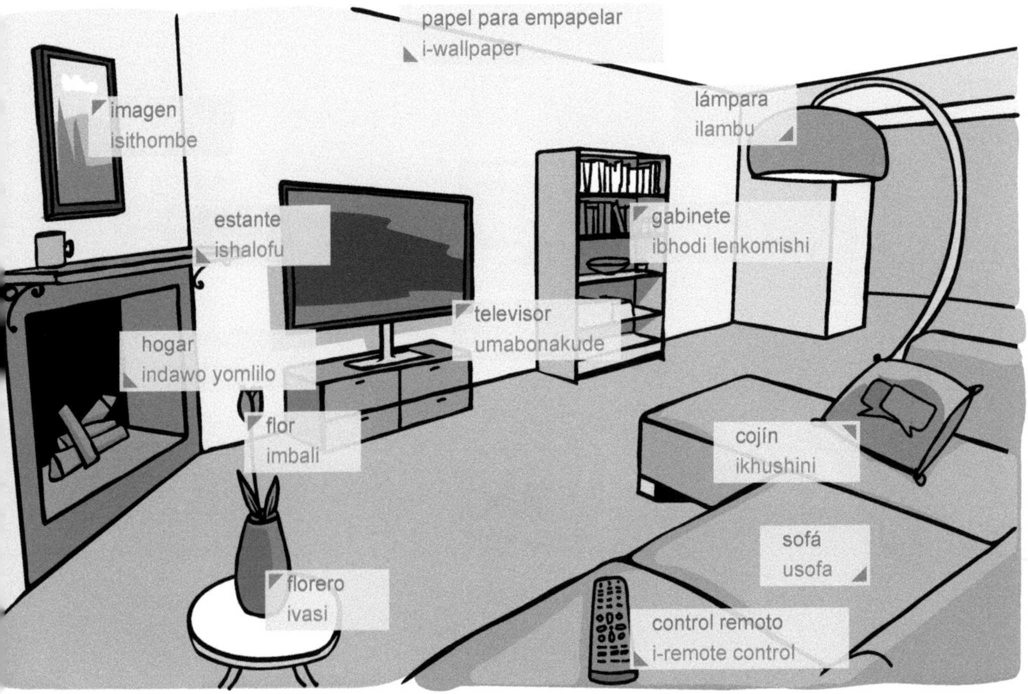

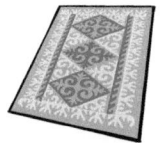

alfombra
ukhaphethe

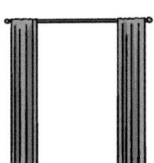

cortina
ikhethini

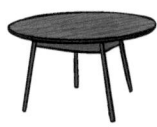

mesa
itafula

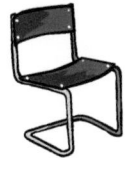

silla
isihlalo

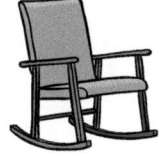

mecedora
isihlalo esinyakazayo

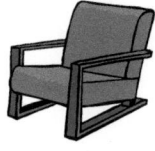

sillón
isihlalo esingangengalo

libro

incwadi

frazada

ingubo

decoración

ukuhlobisa

leña

izinkuni zokubasa

film

ifilimu

equipo estereofónico

izinto ze-hi-fi

llave

ukhiye

periódico

iphephandaba

cuadro

ukupenda

póster

iphosta

radio

umsakazo

bloc de notas

i-notepad

aspiradora

ihuva

cactus

i-cactus

vela

ikhandlela

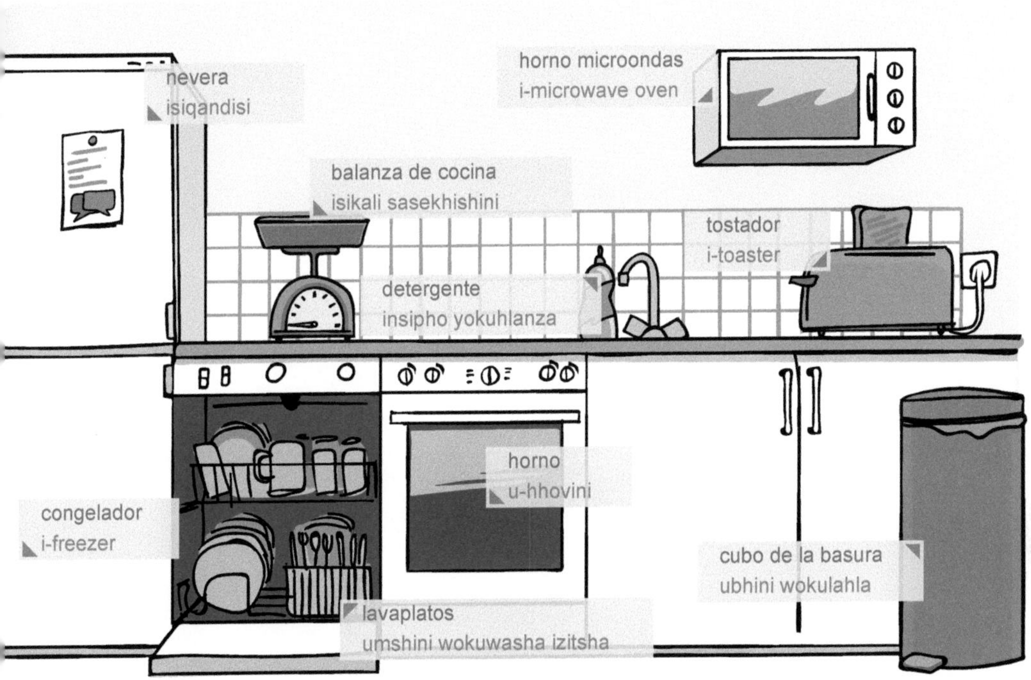

nevera
isiqandisi

horno microondas
i-microwave oven

balanza de cocina
isikali sasekhishini

tostador
i-toaster

detergente
insipho yokuhlanza

horno
u-hhovini

congelador
i-freezer

cubo de la basura
ubhini wokulahla

lavaplatos
umshini wokuwasha izitsha

cocina

umshini wokupheka

olla

ibhodwe

olla de fundición de hierro

ibhodwe le-cast iron

wok / kadai

i-wok / kadai

sartén

ipani

hervidor de agua

iketela

olla de vapor

i-steamer

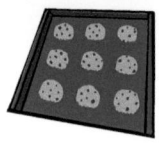

bandeja de horno

ithreyi lokubhaka

vajilla

izitsha zokudla

vaso

imaki

bol

isitsha

palillos para comer

izinti zendwangu

cucharón de sopa

isixembe sokuphaka

espátula

ispathula

batidor

i-whisk

colador

i-strainer

cedazo

isisefo

rallador

igretha

mortero

isitsha sodaka

parrillada

i-barbecue

fogata

umlilo

tabla de picar

ibhodi lokuqoba

rodillo

ipini lokurola

sacacorchos

iskrew

lata

ikani

abrelatas

into yokuvula ikani

agarrador

indwangu yokubamba
ibhodwe

fregadero

usinki

cepillo

i-brush

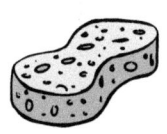

esponja

isiponji

batidora

ibhlenda

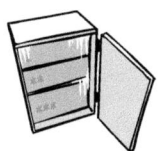

arcón congelador

i-deep freezer

biberón

ibhodlela lengane

grifo

umpompi

cuarto de baño
igumbi lokugeza

ducha
ishawa
calefacción
isifudumezo
toalla
ithawula
cortina para ducha
ikhethini leshawa
baño de espuma
insipho yokugeza eyenza amagwebu
bañera
ubhavu
vaso
igilasi
lavadora
umshini wokuwasha
grifo
umpompi
baldosa
amathayizi
orinal
ithoyilethi lezingane
fregadero
usinki

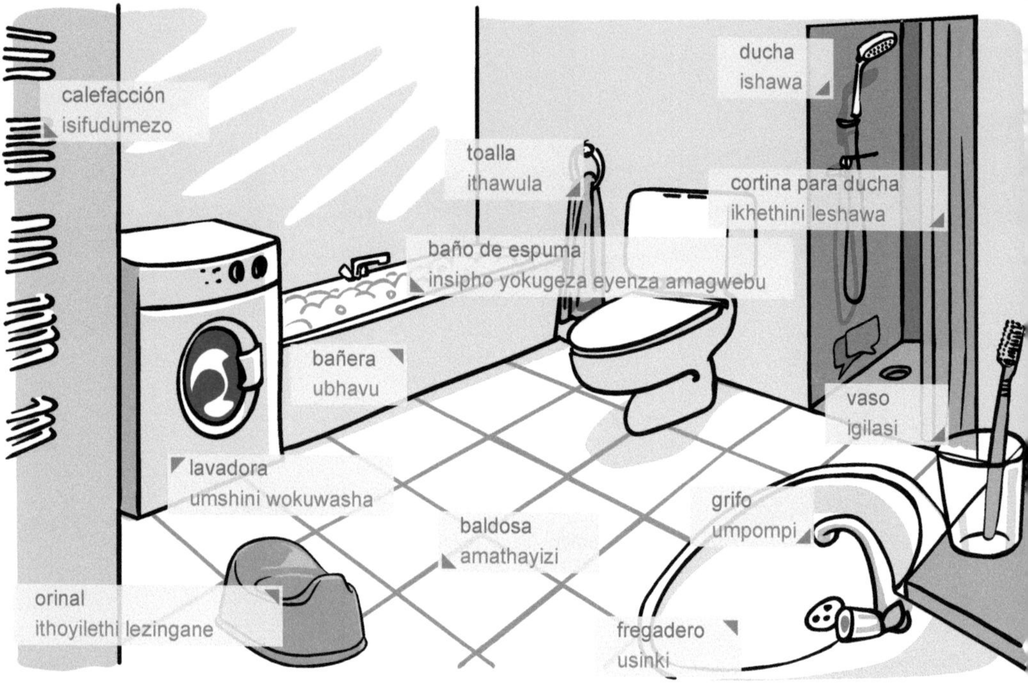

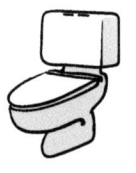

cuarto de baño

ithoyilethi

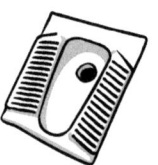

placa turca

ithoyilethi oqoshama kuyo

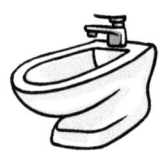

bidé

ithoyilethi le-bidet

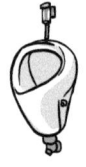

urinario

ithoyilethi lokuchama labesilisa

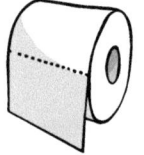

papel higiénico

iphepha lasethoyilethi

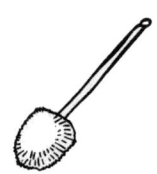

escobilla para el cuarto de baño

ibhrashi lasethoyilethi

cepillo de dientes

ibhrashi lamazinyo

pasta dentífrica

insipho yamazinyo

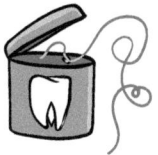

seda dental

into yokuvungula

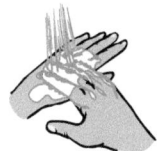

lavar

washa

ducha teléfono

ishawa ebanjwa ngesandla

ducha higiénica

uchatho

cuenco

u-basini

cepillo para la espalda

ibrashi lomhlane

jabón

insipho

gel de ducha

ijeli yeshawa

champú

ishampu

manopla para baño

ishethi lesikoshi

desagüe

i-drain

crema

ukhilimu

desodorante

into yokugcoba
amakhwapha

espejo

isibuko

espejo de maquillaje

isibuko esiphathwa
ngesandla

máquina de afeitar

ireyza

espuma de afeitar

igwebu lokushefa

loción para después del
afeitado

umuthi ogcotshwa ngemva
kokushefa

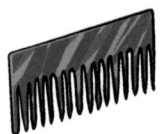

peine

ikama

cepillo

ibhrashi

secador para cabello

into yokomisa izinwele

laca de peinado

ispreyi sezinwele

maquillaje

i-makeup

lápiz labial

into yokugcoba umlomo

laca para uñas

into yokususa upende
wezinzipho

algodón

uwuli kakotini

tijera para uñas

isikelo sezinzipho

perfume

isigqolo

neceser

isikhwama sezinto
zokugeza

taburete

isitulo

balanza

isikali

bata de baño

ingubo yokugeza

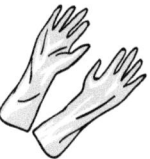

guantes de goma

amagilavu erabha

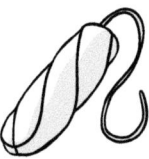

tampón

ithemponi

compresa

iphedi yasesikhathini

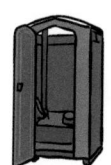

wáter químico

ithoyilethi lekhemikhali

cuarto de los niños

igumbi lezingane

despertador
i-alamu yewashi elichonywayo
animal de peluche
ithoyizi lokudlala
auto de juguete
imoto eyithoyizi
sonajero
i-rattle
casa de muñecas
indlu kanodoli
obsequio
isiphongo

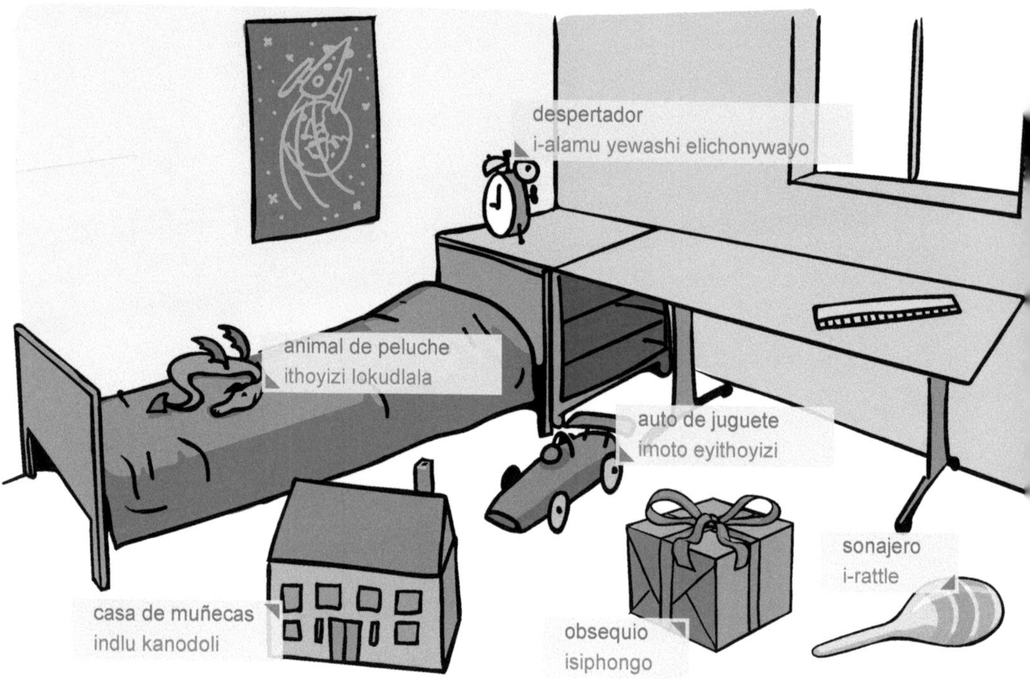

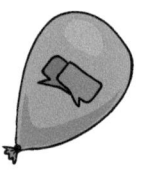

globo

ibhaluni

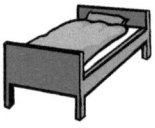

cama

umbhede

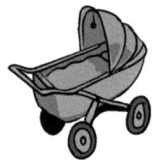

cochecito para niños

iphremu

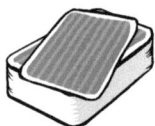

juego de barajas

amakhadi

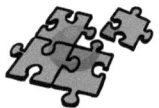

rompecabezas

i-jigsaw

SUPER MEGA

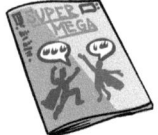

cómic

indaba edwetshiwe

piezas de Lego

amabrick elego

bloques para jugar

amabhuloksi okwakha

figura de acción

unodoli weqhawe

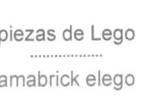

pijama de una pieza

izimpahla zezingane

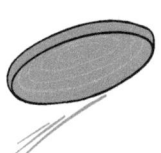

frisbee

i-frisbee

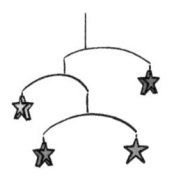

móvil

amathoyizi ezingane
alengayo

juego de mesa

ibhodi lokudlala igemu

dado

idayisi

tren eléctrico a escala

isethi yesitimela

chupete

idemu

fiesta

iphathi

libro de dibujos

incwadi yezithombe

pelota

ibhola

títere

unodoli

jugar

dlala

arenero

umgodi wenhlabathi

columpio

uzwinki

juguetes

amathoyizi

consola de videojuego

umshini wamavidiyo geymu

triciclo

ibhayisikili elinemasondo
amathathu

osito de peluche

uthedibhe

guardarropa

u-wardrobe

vestimenta

izimpahla

calcetines

amasokisi

medias

amastokhingi

panti

amathayithi

chal
isikhafu

paraguas
i-amburela

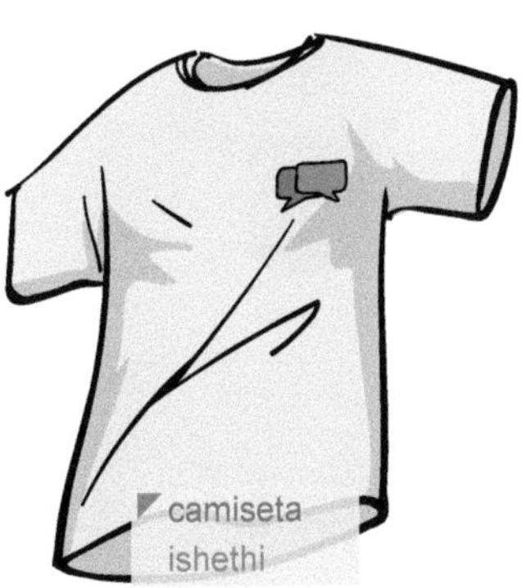

camiseta
ishethi

cinturón
ibhande

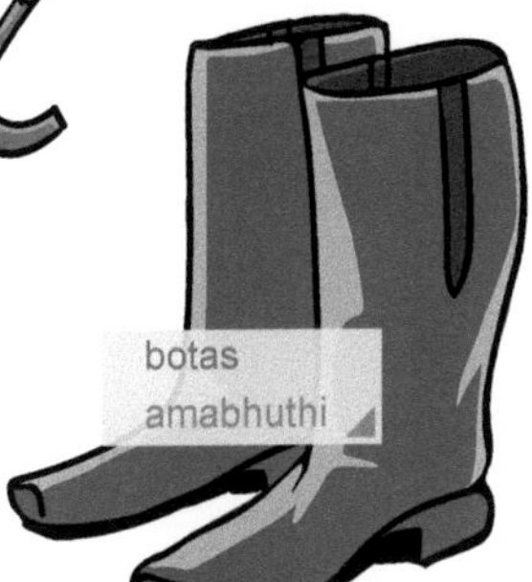

botas
amabhuthi

zapatilla
izicathulo zokulala

deportivas
abaqeqeshi

sandalias
················
amasandali

zapatos
················
izicathulo

botas de goma
················
amabhuthi erabha

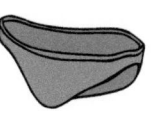

ropa interior
················
iphenti

corpiño
················
u-bra

camiseta
················
ivesti

body

umzimba

pantalón

amabhulukwe

jeans

amajini

falda

isiketi

blusa

isikibha

camisa

ishethi

pullover

ijezi elinezigqoko

sweater

i-hoodie

blazer

ibhuleyiza

chaqueta

ijakhethi

abrigo

ijazi

impermeable

i-raincoat

traje chaqueta

ikhosyumu

vestido

ingubo

vestido de bodas

ingubo yomshado

traje

isudu

camisón

ingubo yokulala

pijama

amaphijama

sari

ingubo yesari

pañuelo de cabeza

isikhafu

turbante

isigqoko se-turban

burka

ibhukha

caftán

ingubo yekaftani

abaya

abaya

traje de baño

impahla yokubhukuda

bañador

amathranki

shorts

isikhindi

chándal

i-tracksuit

delantal

ingubo yokupheka

guante

amagilavu

botón

ibhathini

gafa

izibuko

brazalete

ibhengela

cadena

umgexo

anillo

indandatho

aro

amacici

gorra

ikepisi

percha

into yokuhenga ijazi

sombrero

isigqoko

corbata

uthayi

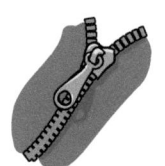

cierre a cremallera

uziphu

casco

ihelmethi

tiradores

ama-braces

uniforme escolar

iyunifomu yesikole

uniforme

iyunifomu

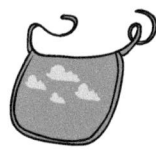

babero

ibhayi lengane

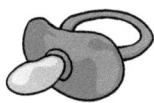

chupete

idemu

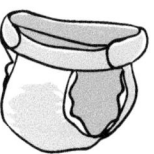

pañal

inabukeni

oficina
i-ofisi

servidor
iseva
archivador
ikhabethe lamafayela
impresora
umshin wokuphrinta
papel
iphepha
monitor
imonitha
ratón
imawusi
escritorio
ideski
carpeta
ifolda
teclado
ikhibhodi
cesto de papeles
bhaskidi yokulahla amaphepha
silla
isihlalo
ordenador
ikhompyutha

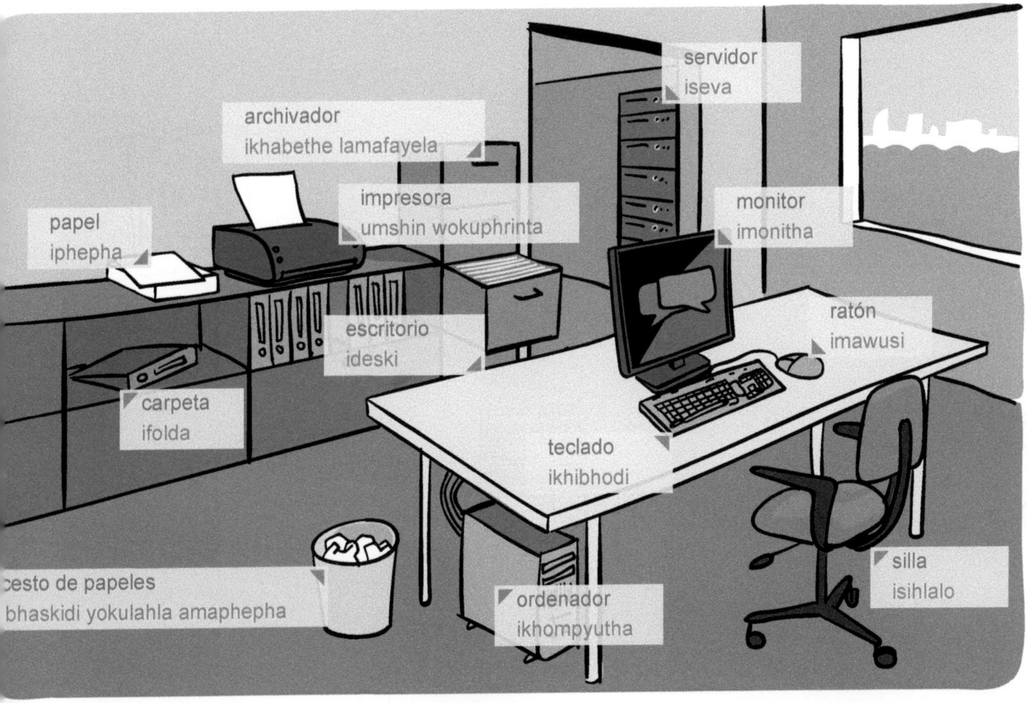

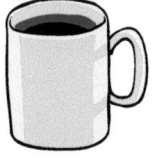

taza de café

imagi yekhofi

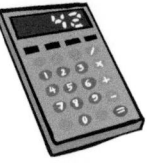

calculadora

ikhalkhuletha

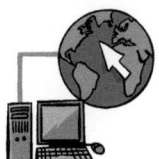

internet

i-inthanethi

laptop

ilephuthophu

carta

incwadi

mensaje

umyalezo

teléfono móvil

ifoni

red

inethiwekhi

fotocopiadora

ifothokhophi

software

i-software

teléfono

ucingo

tomacorriente

indawo yokupulaka

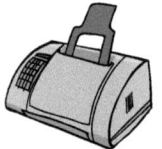

máquina de fax

umshini wokufeksa

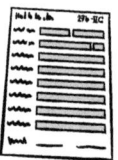

formulario

ifomu

documento

idokhumenti

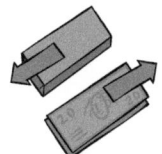

comprar

thenga

pagar

khokha

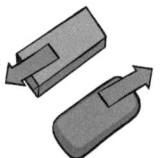

comerciar

shintshana

dinero

imali

USD

dólar

idola

EUR

euro

i-euro

JPY

yen

iyen

RUB

rublo

i-rouble

CHF

franco

iSwiss franc

CNY

renminbi

i-renminbi yuan

INR

rupia

i-rupee

cajero automático

umshini wokukhipha imali

casa de cambio

i-bureau de change

oro

igolide

plata

isiliva

petróleo

amafutha

energía

amandla

precio

inani lemali

contrato

ukuxhumana

impuesto

intela

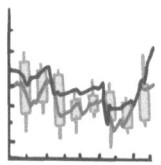

acción

isitokwe

trabajar

sebenza

empleado

isisebenzi

empleador

umqashi

fábrica

ifekthri

negocio

esitolo

policía
iphoyisa

bombero
indoda ecisha umlilo

cocinero
pheka

médico
udokotela

piloto
umshayeli wezindiza

jardinero
umuntu onakekela ingadi

carpintero
umbazi

costurera
umthungi

juez
ijaji

químico
umuntu osebenza ekhemisi

actor
umlingisi

conductor de autobús

umshayeli webhasi

taxista

umshayeli wetekisi

pescador

indoda edoba izinhlanzi

mujer de la limpieza

owesifazane ohlanzayo

techista

umuntu olungisa uphahla

camarero

uweyita

cazador

umzingeli

pintor

umuntu opendayo

panadero

umbhaki

electricista

umuntu osebenza ngogesi

albañil

umakhi

ingeniero

unjiniyela

carnicero

indawo edayisa inyama

fontanero

umuntu osebenza
ngamapayipi

cartero

indoda yaseposini

soldado

isosha

arquitecto

umdwebi wezakhiwo

cajero

umbali wemali

florista

umuntu otshala izimbali

peluquero

umuntu owenza izinwele

cobrador

umqondisi wasesitimeleni

mecánico

umakhenikha

capitán

ukaputeni

odontólogo

udokotela wamazinyo

científico

usosayensi

rabino

urabi

imam

imam

monje

indela

párroco

umfundisi

herramientas
amathuluzi

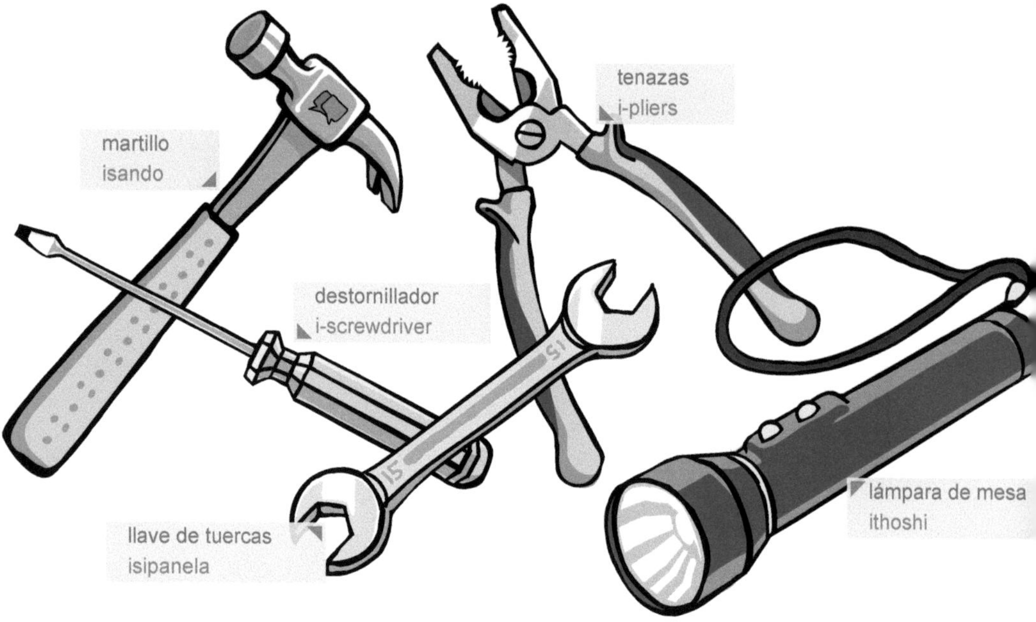
tenazas
i-pliers
martillo
isando
destornillador
i-screwdriver
lámpara de mesa
ithoshi
llave de tuercas
isipanela

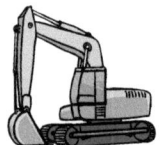

excavadora

umshini wokumba

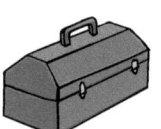

caja de herramientas

ibhokisi lamathuluzi

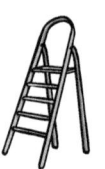

escalerilla

isitebhisi

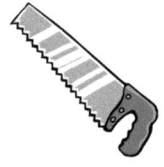

serrucho

isaha

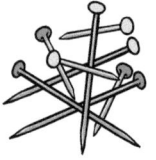

clavos

izinzipho

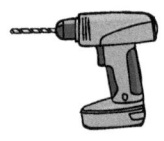

taladro

i-drill

reparar

lungisa

pala

ifosholo

¡Maldición!

Damethi!

recogedor

idastipheni

lata de pintura

ithini likapende

tornillos

i-screws

instrumentos musicales
izinsimbi zomculo

altavoz
ispikha esinomsindo omkhulu

batería
ikhithi yamadramu

guitarra
isiginci

contrabajo
isiginci i-double bass

trompeta
icilongo

piano

ipiyano

violín

ivayolini

bajo

i-bass

timbales

ithimpani

tambor

amadramu

teclado

i-keyboard

saxofón

i-saxophone

flauta

umtshingo

micrófono

imakhrofoni

zoológico
esiqiwini

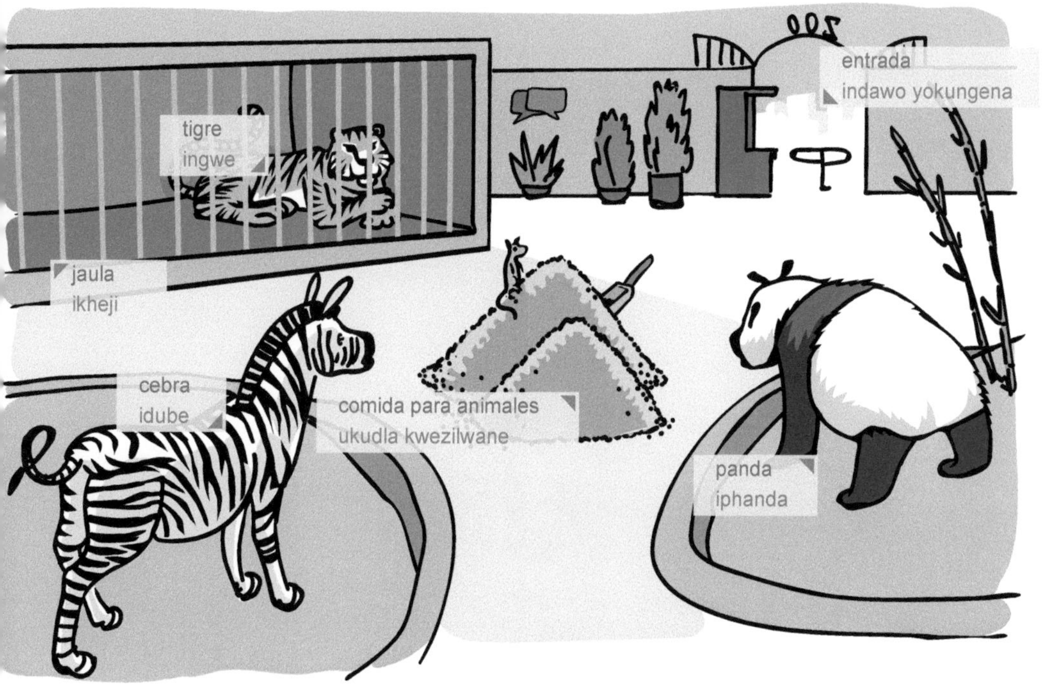

zoo
entrada
indawo yokungena
tigre
ingwe
jaula
ikheji
cebra
idube
comida para animales
ukudla kwezilwane
panda
iphanda

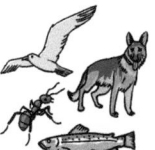

animales
izilwane

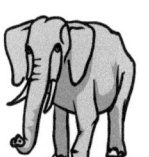

elefante
indlovu

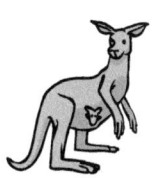

canguro
ikhangaru

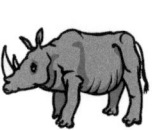

rinoceronte
ubhejane

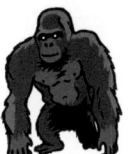

gorila
igorila

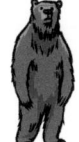

oso
ibhele

camello

ikamela

avestruz

intshe

león

ingonyama

mono

inkawu

flamengo

i-flamingo

papagayo

upholi

oso polar

ibhele laseqhweni

pingüino

iphenguwini

tiburón

ushaka

pavo real

ipigogo

serpiente

inyoka

cocodrilo

ingwenya

cuidador del zoológico

umgcini wezilwane

foca

isilwane saseqhweni

jaguar

ijaguwa

pony

iponi

leopardo

ingwe

hipopótamo

imvubu

jirafa

indlulamithi

águila

ukhozi

jabalí

intibane

pescado

inhlanzi

tortuga

ufudu

morsa

i-walrus

zorro

ujakalase

gacela

inyamazane igazele

fútbol americano
ibhola lezinyawo laseMelika

ciclismo
umdlali webhayisikili

tenis
ithenisi

baloncesto
ibhola lomnqankiswano

natación
ukubhukuda

boxeo
isibhakela

hockey sobre hielo
i-ice hockey

fútbol
ibhola lezinyawo

badminton
i-badminton

atletismo
abasubathi

balonmano
ibhola lezandla

esquí
ukushushuluza

polo
ipolo

actividades
imisebenzi

saltar
gxuma
abrazar
haga
reír
hleka
caminar
hamba
cantar
cula
soñar
phupha
rezar
thandaza
besar
cabuza

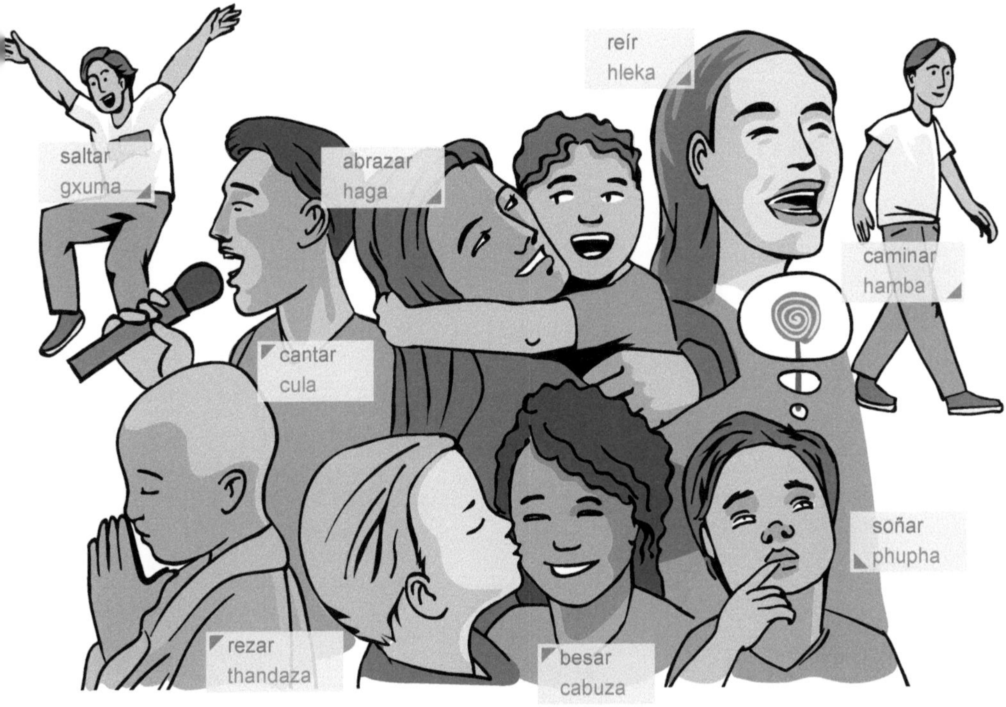

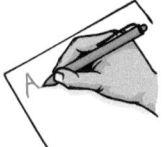

escribir

bhala

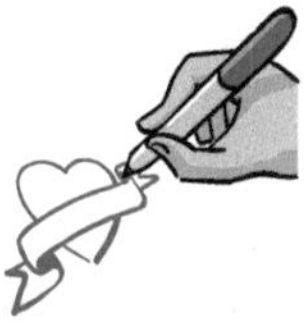

dibujar

dweba

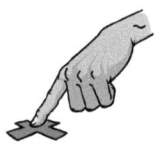

mostrar

bonisa

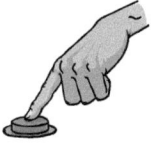

presionar

phusha

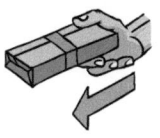

dar

nikeza

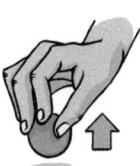

tomar

thatha

tener

yiba

hacer

yenza

ser

yiba

estar de pie

sukuma

correr

gijima

tirar

donsa

arrojar

phonsa

caer

yiwa

estar acostado

amanga

esperar

linda

llevar

thwala

estar sentado

hlala

vestirse

gqoka

dormir

lala

despertar

vuka

mirar

bukela

llorar

khala

acariciar

qhweba

peinarse

kama

conversar

khuluma

entender

qonda

preguntar

buza

oír

lalela

beber

phuza

comer

idla

asear

coca

amar

thanda

cocinar

pheka

conducir

shayela

volar

ndiza

navegar

hamba ngomkhumbi

calcular

bala

leer

funda

aprender

funda

trabajar

sebenza

casarse

shada

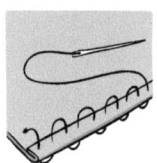

coser

thunga

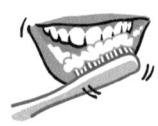

limpiarse los dientes

geza amazinyo

matar

bulala

fumar

bhema

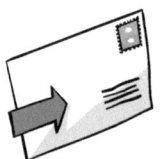

enviar

thumela

abuela
ugogo

abuelo
umkhulu

padre
ubaba

madre
umama

bebé
ingane

hija
indodakazi

hijo
indodana

invitado

isivakashi

tía

u-anti

tío

umalume

hermano

umfowethu

hermana

udadewethu

cuerpo
umzimba

frente
isiphongo
ojo
amehlo
hombro
ihlombe
dedo
umunwe
cara
ubuso
barbilla
isilevu
mano
isandla
pierna
umlenze
pecho
amabele
brazo
ingalo

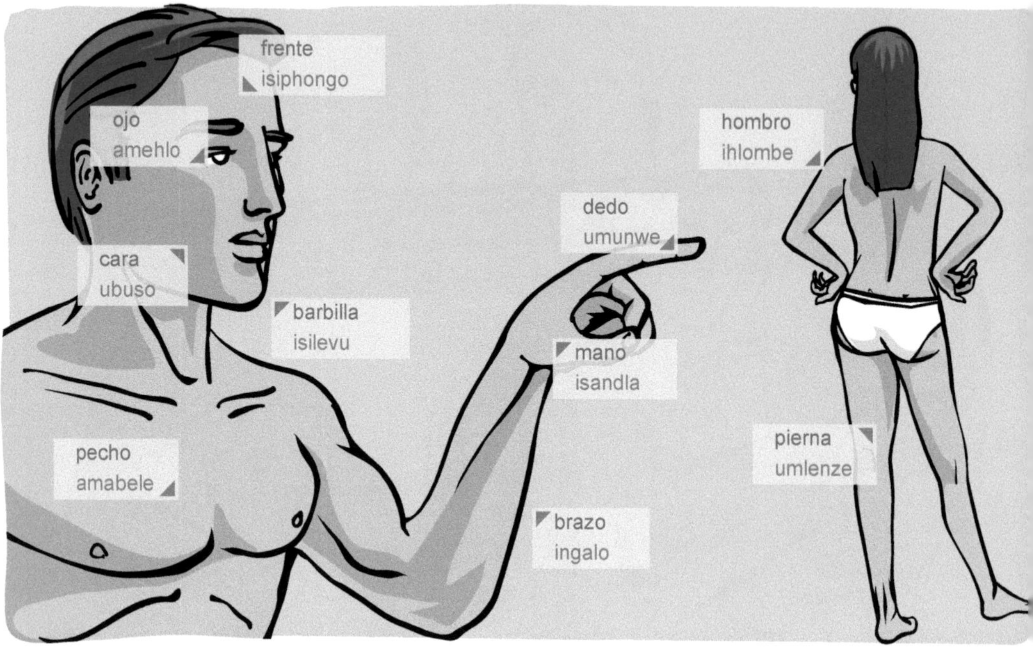

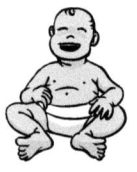

bebé

ingane

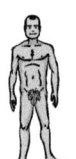

hombre

indoda

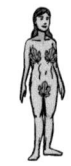

mujer

owesifazane

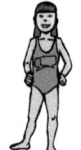

muchacha

intombazane

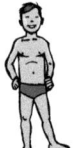

joven

umfana

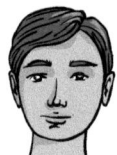

cabeza

ikhanda

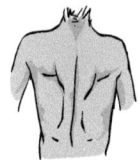

espalda

umhlane

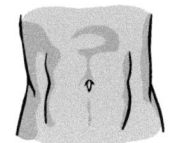

vientre

isisu

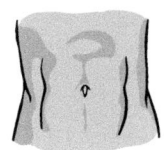

ombligo

inkaba

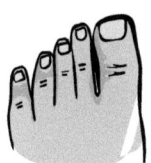

dedo del pie

izinzwane

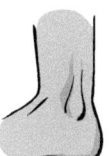

talón

isithende

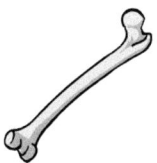

hueso

ithambo

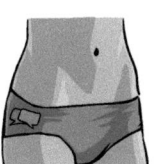

cadera

inqulu

rodilla

idolo

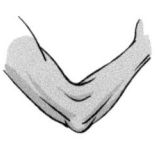

codo

indololwane

nariz

ikhala

trasero

ingenzansi

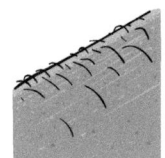

piel

isikhumba

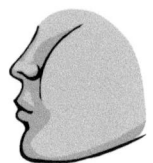

mejilla

iziqhomo

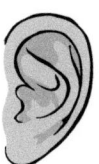

oreja

indlebe

labio

udebe

boca

umlomo

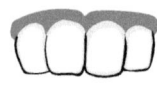

diente

amazinyo

lengua

ulimu

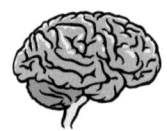

cerebro

ingqondo

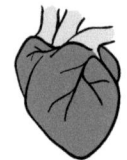

corazón

inhliziyo

músculo

imasela

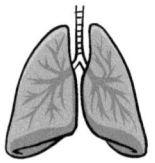

pulmón

uphaphe

hígado

isibindi

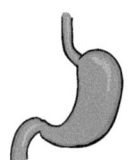

estómago

isisu

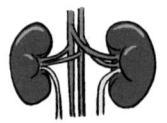

riñones

izinso

relación sexual

ucansi

condón

ikhondomu

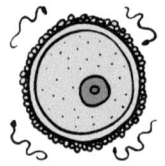

Óvulo

iqanda

esperma

isidoda

embarazo

ukukhulelwa

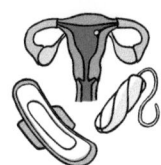

menstruación

ukuya esikhathini

vagina

imomozi

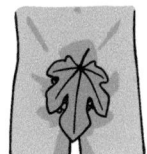

pene

umthondo

ceja

ishiya

cabello

izinwele

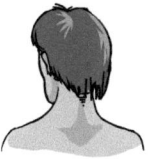

cuello

intamo

hospital
isibhedlela

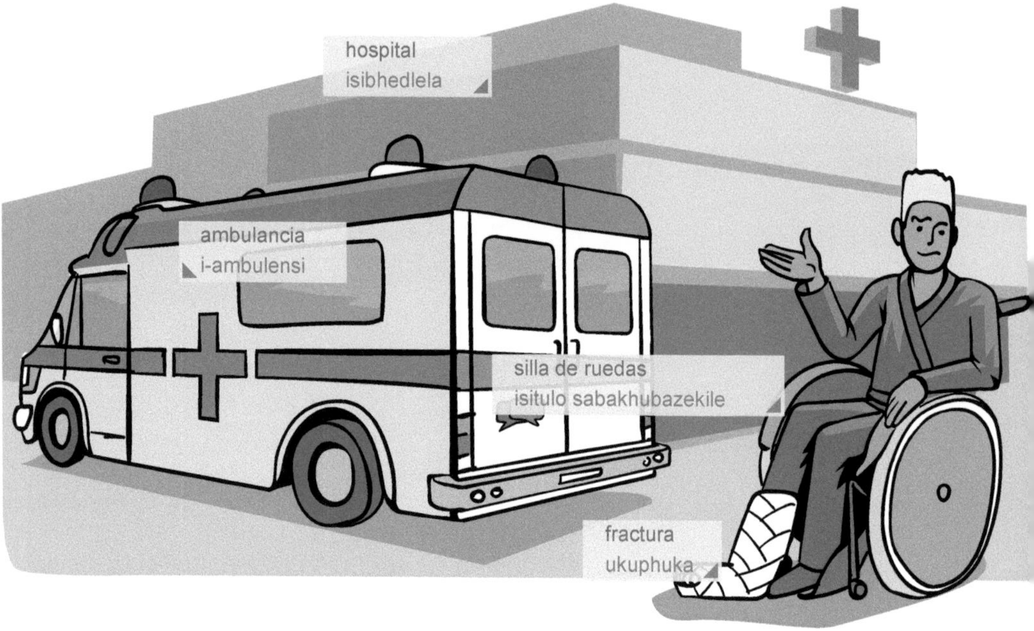

hospital
isibhedlela
ambulancia
i-ambulensi
silla de ruedas
isitulo sabakhubazekile
fractura
ukuphuka

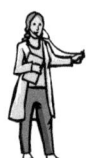

médico

udokotela

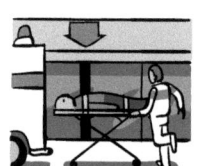

admisión de urgencia

igumbi leziguli ezidinga ukwelashwa okuphuthumayo

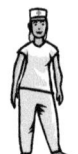

enfermera

umhlengikazi

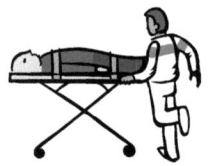

emergencia

izimo eziphuthumayo

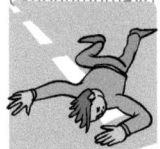

inconsciente

ukuquleka

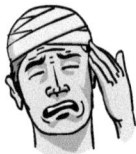

dolor

ubuhlungu

lesión

ukulimala

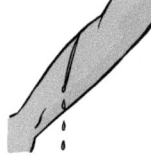

hemorragia

ukopha

infarto de miocardio

isifo senhliziyo

apoplejía cerebral

ukushaywa unhlangothi

alergia

ukungazwani komzimba
nezinto ezithile

tos

ukukhwehlela

fiebre

imfiva

gripe

umkhuhlane

diarrea

ukuhuda

dolor de cabeza

ukuphathwa ikhanda

cáncer

umdlavuza

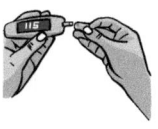

diabetes

isifo sikashukela

cirujano

udokotela ohlinzayo

escalpelo

isikalpheli

operación

ukuhlinzwa

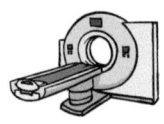

TC

CT

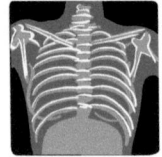

rayos X

i-x-ray

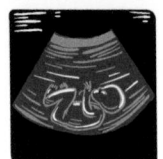

ultrasonido

i-ultrasound

máscara

imaskhi yasebusweni

enfermedad

isifo

sala de espera

igumbi lokulinda

muleta

izinduko zokuhamba

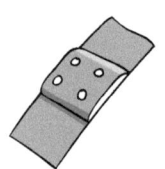

emplasto

iplasta

vendaje

ibhandishi

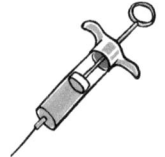

inyección

umjovo

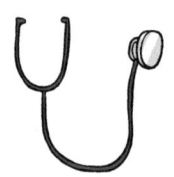

estetoscopio

izipopolo zikadokotela

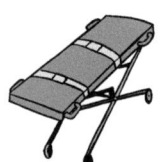

camilla

i-stretcher

termómetro

umshini okala izinga
lokushisa

nacimiento

ukubeletha

sobrepeso

ukukhuluphala ngokweqile

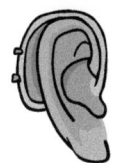

audífono

insizwa yokuzwa

desinfectante

ukungatheleleki

infección

ukutheleleka

virus

ivariyasi

VIH / SIDA

HIV / AIDS

medicina

umuthi

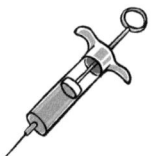

vacunación

umgomo

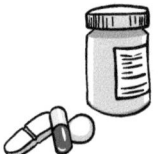

comprimido

amaphilisi

píldora anticonceptiva

amaphilisi

llamada de emergencia

ucingo oluphuthumayo

medidor de presión arterial

umshini okala umfutho wegazi

enfermo / saludable

ukugula / ukuba umqemane

¡Ayuda!

Sizani!

alarma

i-alamu

asalto

ukuhlasela

ataque

ukuhlasela

peligro

ingozi

salida de emergencia

indawo yokubalekela
ngaphansi kwezimo
eziphuthumayo

¡Fuego!

Umlimo!

extintor

isicimamlilo

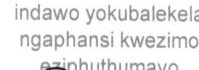

accidente

ingozi

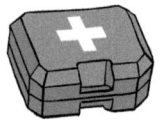

kit de primeros auxilios

ikhithi yosizo lokuqala

SOS

SOS

Policía

amaphoyisa

Europa

Europe

América del Norte

North America

América del Sur

South America

África

Africa

Asia

Asia

Australia

Australia

Atlántico

Atlantic

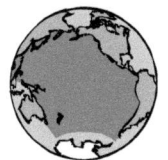

Pacífico

Pacific

Océano Índico

Indian Ocean

Océano Antártico

Antarctic Ocean

Océano Ártico

Arctic Ocean

Polo Norte

North Pole

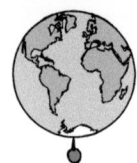

Polo Sur
South Pole

Antártida
Antarctica

Tierra
Umhlaba

país
umhlaba

mar
izilwandle

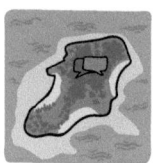

isla
isiqhingi

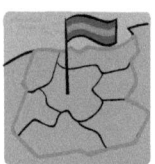

nación
izwe

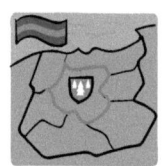

Estado
inhlangano engokomthetho

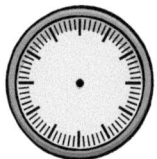

cuadrante

ubuso bewashi

horario

isandla sehora

minutero

isandla semizuzu

segundero

isandla sesibili

¿Qué hora es?

Ubani isikhathi?

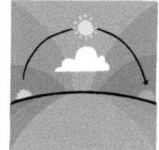

día

usuku

tiempo

isikhathi

ahora

manje

reloj digital

iwashi lezibalo

minuto

umzuzu

hora

ihora

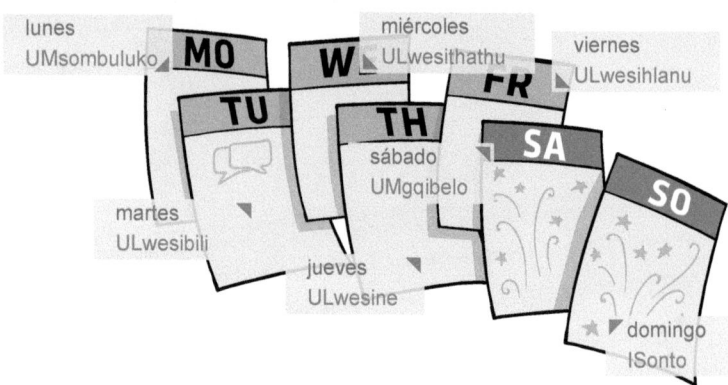

lunes
UMsombuluko

miércoles
ULwesithathu

viernes
ULwesihlanu

martes
ULwesibili

sábado
UMgqibelo

jueves
ULwesine

domingo
ISonto

ayer
izolo

hoy
namhlanje

mañana
kusasa

mañana
ekuseni

mediodía
emini

tarde
ntambama

jornada de trabajo
izinsuku zeviki

fin de semana
impelasonto

lluvia
imvula

arco iris
uthingo

nieve
ukukhithika kweqhwa

viento
umoya

primavera
ithwasahlobo

verano
ihlobo

otoño
ikwindla

invierno
ubusika

4.APRIL	11°	☀
5.APRIL	4°	☁
6.APRIL	13°	☁
7.APRIL	8°	☀
8.APRIL	10°	☀

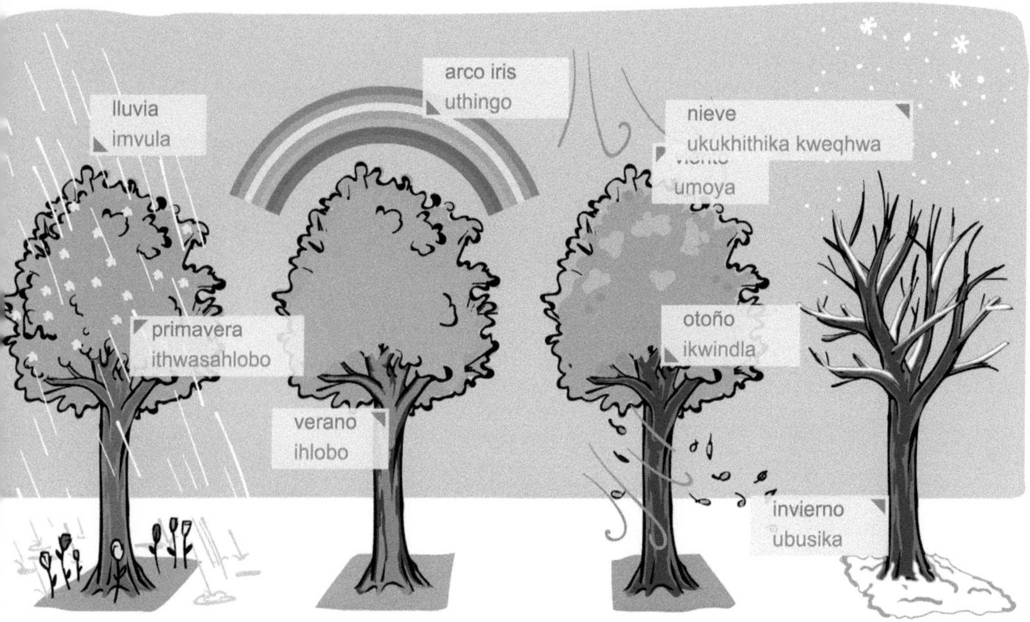

pronóstico meteorológico

isimo sezulu

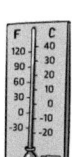

termómetro

umshini wezinga lokushisa

luz solar

ukushisa kwelanga

nube

amafu

niebla

inkungu

humedad ambiente

umswakama

relámpago

ummbani

trueno

ukuduma kwezulu

tormenta

isiphepho

granizo

isichotho

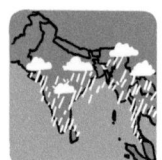

monzón

imvula enkulu

inundación

izikhukhula

hielo

iqhwa

enero

UMasingana

febrero

UNhlolanja

marzo

UNdasa

abril

UMbasa

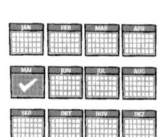

mayo

UNhlaba

junio

UNhlangulana

julio

UNtulikazi

agosto

UNcwaba

año - unyaka

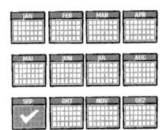

septiembre
....
UMandulo

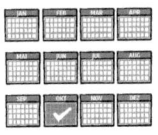

octubre
....
UMfumfu

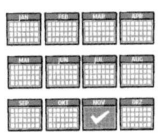

noviembre
....
ULwezi

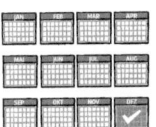

diciembre
....
UZibandlela

formas
amasheyphu

círculo
....
indilinga

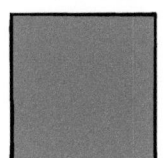

cuadrado
....
isikwele

rectángulo
....
unxande

triángulo
....
unxantathu

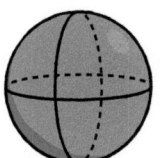

esfera
....
i-sphere

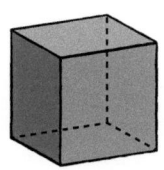

cubo
....
i-cube

blanco

kumhlophe

amarillo

kuphuzi

anaranjado

ku-olenji

rosa

kuphinki

rojo

kumbomvu

lila

kuphephuli

azul

kuluhlaza
okwesibhakabhaka

verde

kuluhlaza

marrón

kubhrawuni

gris

kuphashile

negro

kumnyama

mucho / poco

kakhulu / kancane

enojado / calmado

ukucasuka / ubumnene

bonito / feo

ubuhle / ububi

comienzo / fin

isiqalo / isiphetho

grande / pequeño

kukhulu / kuncane

claro / oscuro

kuyakhanya / kumnyama

hermano / hermana

umfowethu / udadewethu

limpio / sucio

ukuhlanzeka / ukungcola

completo / incompleto

ukuphelela / ukungapheleli

día / noche

imini / ubusuku

muerto / vivo

ukufa / ukuphila

ancho / angosto

ukuvuleka / ukunyinyeka

disfrutable / no disfrutable

okudliwayo / okungadliwa

malo / amigable

ukukhohlakala / umusa

excitado / aburrido

ukujabula / isithukuthezi

gordo / delgado

ukunona / ukuzaca

primero / último

ukuqala / ukugcina

amigo / enemigo

umngane / isitha

lleno / vacío

ukugcwala / ukuphela

duro / suave

ubunzima / ukuthamba

pesado / liviano

ukusinda / ukubalula

hambre / sed

ukulamba / ukoma

enfermo / saludable

ukugula / ukuba umqemane

ilegal / legal

ngokomthetho / okungekho
emthethweni

inteligente / tonto

ukuhlakanipha /
isiphukuphuku

izquierda / derecha

isinxele / esokudla

cercano / lejano

eduze / kude

nuevo / usado

kusha / sekusebenzile

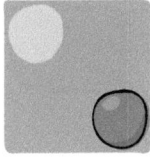

nada / algo

utho / okuthile

viejo / joven

okudala / okusha

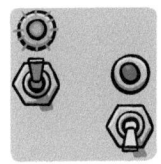

encendido / apagado

vuliwe / kucishiwe

abierto / cerrado

vula / vala

bajo / fuerte

kuthulekile / kunomsindo

rico / pobre

ukuceba / ubumpofu

correcto / incorrecto

kulungile / akulungile

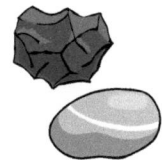

áspero / liso

kugadlazekile / kuyashelela

triste / alegre

dabuka / jabula

breve / extenso

kufishane / kude

lento / veloz

kuyanensa / kuyashesha

mojado / seco

ukuba manzi / ukoma

caliente / frío

ukufudumala / ukuphola

guerra / paz

ukulwa / ukuthula

opuestos - izinto ezingafani

0

cero

uziro

1

uno

kunye

2

dos

kubili

3

tres

kuthathu

4

cuatro

kune

5

cinco

kuhlanu

6

seis

isithupha

7

siete

isikhombisa

8

ocho

isishiyagalombili

9

nueve

isishiyagalolunye

10

diez

ishumi

11

once

ishumi nanye

12
doce

ishumi nambili

13
trece

ishumi nantathu

14
catorce

ishumi nane

15
quince

ishumi nanhlanu

16
dieciséis

ishumi nesithupha

17
diecisiete

ishumi nesikhombisa

18
dieciocho

ishumi nesishiyagalombili

19
diecinueve

ishumi nesishiyagalolunye

20
veinte

amashumi amabili

100
cien

ikhulu

1.000
mil

inkulungwane

1.000.000
millón

izigidi

inglés
isiNgisi

inglés estadounidense
isiNgisi saseMelika

chino mandarín
isiMandarin saseShayina

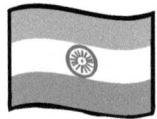

hindi
isiHindi

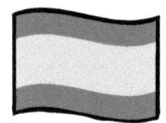

español
iSpanishi

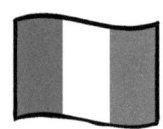

francés
isiFulentshi

árabe
isi-Arabhu

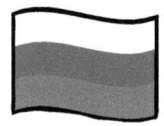

ruso
isiRashiya

portugués
isiPutukezi

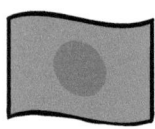

bengalí
isiBengali

alemán
isiJalimane

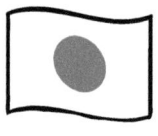

japonés
isiJapane

yo

Mina

tú

wena

él / ella

u / u / ku

nosotros

thina

vosotros

nina

ellos

bona

¿quién?

ubani?

¿qué?

ini?

¿cómo?

kanjani?

¿dónde?

kuphi?

¿cuándo?

nini?

nombre

igama

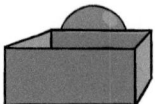

detrás

ngemuva

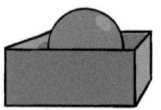

en

ngaphakathi

delante de

phambi kwe

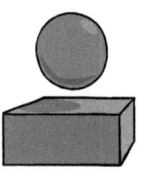

encima de

phezulu

sobre

ngaphezulu

debajo de

ngaphansi

junto a

eceleni

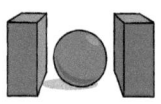

entre

phakathi

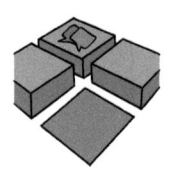

lugar

indawo